AF227080

# LES

# ULTRA-ROYALISTES,

## LES INDÉPENDANS

### ET LES MINISTÉRIELS,

AU TRIBUNAL DE L'OPINION PUBLIQUE.

# LES

# ULTRA-ROYALISTES,

## LES INDÉPENDANS

## ET LES MINISTÉRIELS,

AU TRIBUNAL DE L'OPINION PUBLIQUE.

Par BOURBON-LEBLANC,

AUTEUR DE LA PHILOSOPHIE POLITIQUE, etc.

*Parcere personis, dicere de vitiis.*

# PARIS,

AU BUREAU POLYMATHIQUE,
RUE DE LA CHAISE, FAUBOURG SAINT-GERMAIN, N°. 20;

ET CHEZ LES PRINCIPAUX LIBRAIRES
FRANÇAIS ET ÉTRANGERS.

1817.

DE L'IMPRIMERIE DE RENAUDIERE,
RUE DES PROUVAIRES, N°. 16.

# LES

# ULTRA-ROYALISTES,

## LES INDÉPENDANS

## ET LES MINISTÉRIELS,

## AU TRIBUNAL DE L'OPINION PUBLIQUE.

L E flux et le reflux de la mer semblent plus faciles à expliquer que les événemens extraordinaires dont nous sommes, depuis vingt-cinq ans, les spectateurs, les acteurs et les victimes.

Cependant, comment admettre que l'homme qui détermine la précession des équinoxes, la marche des comètes, le mouvement des astres, soit dans la plus profonde ignorance de lui-même; qu'il ne connaisse ni ce qu'il peut faire, ni ce qu'il fera, ni ce qu'il devrait faire? Par quel fatal aveuglement, ou par quel mouvement désordonné des choses, les passions conspirent-elles avec succès à amener des révolutions, conseiller des guerres, renverser des empires, remplir la société de troubles, de désordres et de meurtres? Comment, après ces longues luttes du crime avec la vertu, de la raison avec le délire, du courage avec la férocité, les choses se replacent - elles, en quelque sorte et d'elles - mêmes, dans leur ordre naturel ? Par quel prodige les peuples fatigués n'éprouvent-ils plus d'autre sentiment que le regret d'avoir subi d'inutiles malheurs, d'autre besoin que celui du repos ?

Ces questions mériteraient un examen approfondi, et leur solution présenterait aux peuples et aux souverains d'importantes leçons. Mais où trouver un cœur assez ferme pour abjurer à la fois toutes les passions, une main assez courageuse pour oser déchirer le voile qui cache la vérité, une plume assez éloquente pour entraîner toutes les volontés à travailler de concert à la félicité publique?

En attendant qu'un être supérieur puisse tracer cet immense tableau, on nous saura sans doute quelque gré d'essayer une modeste esquisse ; car on verra clairement qu'elle n'a été inspirée que par un sentiment pur et vrai d'amour pour la patrie.

La France paraissait heureuse sous l'empire des lys. Tout-à-coup les esprits s'agitent : une révolution rompt toutes les digues du pouvoir; elle s'avance majestueusement au milieu des acclamations des peuples, à qui elle promet la liberté, la prospérité et le bonheur. Vains prestiges! des insensés se grouppent autour du char de cette nouvelle déité; ils écartent ses pontifes et ses ministres, et prenant la licence pour la liberté, l'impiété pour la philosophie, le débordement des vices pour la volupté, les bouillonnemens d'une imagination déréglée pour les méditations d'un jugement exquis, un égoïsme mal entendu pour le patriotisme, l'orgueil personnel pour un droit aux honneurs et aux récompenses : ils attaquent à la fois les mœurs, les lois et le peuple. Au milieu de ces furieux qui se dévorent eux-mêmes, le génie militaire se lève. A sa voix l'ordre parait renaître; mais bientôt l'esprit de conquêtes, en attaquant la population jusque dans sa source, ébranle tout le système social. Cependant la victoire en les accablant, pour ainsi dire de ses palmes glorieuses, fait oublier aux Français leurs propres malheurs. Le jour des défaites arrive, et la France porte un regard douloureux vers ses anciennes institutions.

Elle remet, avec la plus douce espérance de

bonheur, l'autorité entre les mains de cette famille auguste qui compte dans ses ancêtres et Louis XII et Henri IV, et Louis XIV et le Grand Condé.

Le génie militaire fait un second effort, et un Soldat remplace encore une fois le Roi de France.

Nouvelle lutte : l'Europe prend les armes; le Soldat est vainement défendu par ces héros qui meurent et ne se rendent pas. Il est forcé de porter vers des climats lointains, le deuil de sa gloire désormais flétrie. Le Roi ressaisit sa couronne, et le repos général paraît être définitivement assuré.

Le char révolutionnaire poursuit néanmoins sa course : poussé par tous les partis, secondé dans sa marche par la gêne, l'incertitude et le désespoir où sont jetées toutes les classes laborieuses, il fait redouter de nouvelles aberrations, des disgraces nouvelles.

Voilà ce que tout le monde sent, voit et touche en quelque sorte. Comment arrive-t-il donc que les premiers hommes de l'état ignorent ou feignent d'ignorer cette épouvantable vérité?

Trois systèmes partagent en France les opinions et les hommes.

1°. Celui des institutions politiques et civiles, créées et maintenues par la seule volonté du chef de l'état, ce qui présente le principe fondamental de la *Monarchie absolue;*

2°. Celui de ces mêmes institutions formées et défendues par le peuple, ce qui constitue la *Démocratie;*

3°. Enfin, celui qui consiste dans l'adoption alternative des erremens de la *Monarchie* et de ceux de la *Démocratie*, ce qui établit en permanence des prétextes et des moyens de révolution.

Les partisans du premier système sont, dans ce moment où toutes les expressions semblent avoir perdu leur acception naturelle, désignée sous la dénomination d'*Ultra-Royalistes.*

Ceux du second, se distinguent eux-mêmes par les noms peu français et vagues de *Libéraux,* d'*Indépendans.*

Les défenseurs du troisième, se disent *Ministériels,* parce qu'ils supposent, contre toute raison, que leur système est celui que les ministres ont adopté.

Ces trois systèmes, d'après leurs plus ardens soutiens, ont pour appui l'opinion publique, cette puissance indéfinie que chacun place dans le cercle qu'il parcourt.

Les *Ultra-Royalistes* se composent de cette masse de chevaliers fidèles, qui, voyant dans la royauté une institution divine, dans la noblesse son unique soutien, dans la religion, un obstacle insurmontable à l'introduction de la tyrannie, dans le dogme de la légitimité et de l'hérédité du pouvoir souverain, la seule garantie du bonheur des peuples, et dans la monarchie ainsi constituée, le seul gouvernement qui assure la tranquillité publique, ont sacrifié et sont toujours prêts à sacrifier leur fortune, leur existence et leurs affections les plus chères, au triomphe d'une cause qui leur paraît sacrée.

La patrie est pour eux là seulement où le Roi se trouve. Qu'une démocratie se fonde dans le pays qui les a vu naître, ou qu'un chef unique y commande, ils méconnaissent et cette démocratie et ce chef, parce qu'ils considèrent l'institution de l'une et l'avènement de l'autre comme un attentat aux lois fondamentales, qui ne peuvent être ni changées ni abrogées.

Leur devise est *Dieu* et le *Roi*.

On compte dans leurs rangs des personnages que leur naissance appelait, sous l'empire des anciennes lois, aux plus hautes dignités; des militaires couverts de cicatrices, des prélats, beaucoup de ministres du culte catholique; des écrivains du plus rare mérite, et une foule de personnes qui ont adopté la même doctrine par simple inspiration, par tradition de famille , ou par suite de leurs études et de leurs méditations.

Ils se glorifient d'avoir justifié par leur conduite, la fixité dans les principes qu'ils professent et qu'ils ont professés.

Les Ultra-Royalistes ne sont pas assez dépourvus de jugement, pour vouloir que ce qui a été fait ne l'ait pas été. Ils savent qu'il faut céder au progrès des lumières; ils connaissent les concessions inévitables, mais ils y assignent des bornes.

Loin d'eux l'horrible pensée de renouveler, en sens inverse, les proscriptions des directeurs du gouvernement acéphale de 1793; mais, comme c'est avec raison que les révolutionnaires ont éloigné des fonctions publiques les ennemis des révolutions, ils soutiennent que pour terminer une révolution, il est absurde d'employer des révolutionnaires.

Les Indépendans nés et formés, pour la plupart, au milieu des tempêtes révolutionnaires, sont d'une activité, d'une persévérance et d'une énergie qui tiennent en quelque sorte de cet héroïsme de pensée des beaux temps de la république romaine. Leur devise est : *Liberté* et *égalité.*

Suivant eux, nul ne peut exercer le pouvoir

souverain que par une délégation formelle du peuple ; suivant eux, une loi n'a son vrai caractère, et n'est bonne qu'autant qu'elle est l'expression du vœu librement émis de la majorité des individus qu'elle concerne ; suivant eux, les rois, les consuls, les princes, les empereurs, les sultans et les sophis, les intendans et les préfets, les ministres et les pachas, ne doivent, sous aucun prétexte, se soustraire aux devoirs imposés par la loi commune.

Suivant eux, le droit de commander aux hommes ne peut être justifié que par la supériorité des talens ; suivant eux, les fonctions publiques sont le domaine des plus instruits et des meilleurs, de même que la couronne de laurier est le bien propre des plus braves ; suivant eux enfin, c'est à celui qui rend le plus de services, qu'appartient le plus grand nombre de récompenses.

On distingue parmi les Indépendants, des guerriers qui ont fait trembler l'Europe ; des écrivains et des orateurs que des palmes immortelles ont couronnés, des publicistes profonds et des hommes d'état d'une supériorité incontestable.

Ils veulent que le citoyen, libre de sa personne comme de sa pensée, ait le droit de soumettre à son examen particulier les actes de l'autorité, et de reprocher au magistrat , quelle que soit l'élévation de sa dignité, la fausseté de ses démarches, l'abus de son pouvoir et la nullité de son talent, si ce magistrat est incapable, s'il oublie ses devoirs, et si, par ses mœurs, il ne sait pas commander le respect.

Les ministériels sont constamment les admirateurs des actes de l'autorité et des personnes qui tiennent le pouvoir ; et, comme l'autorité est la source d'où découlent toutes les graces et toutes les faveurs, ils ont pour légende : *obéissance passive.*

Ils ont pensé qu'en se rapprochant tour à tour des ultra-royalistes et des indépendans, en leur cédant tour à tour, et sur-tout en les trompant également tour à tour, ils parviendraient à tout maîtriser.

*Divisez pour régner;* est une maxime qui n'a pas d'application avec des hommes éclairés; aussi les ministériels se sont-ils fait détester des ultra-royalistes autant que des indépendans.

On ne saurait en disconvenir, il y a quelque chose de grand et de généreux dans la manière dont les ultra-royalistes et les indépendans ont défendu leurs systèmes. Ceux-ci parlent à l'autorité avec force, mais avec respect. Les ministériels l'adulent sans pudeur ; les uns soutiennent les droits des sujets ou des citoyens, les autres les prétentions de l'autorité. C'est dans des écrits signés d'eux, que ceux-ci établissent leurs réclamations; c'est dans des articles anonymes que ceux-là répondent. Aucune responsabilité morale ne repose sur les ministériels qui ne se nomment pas, tandis que les ultra-royalistes et les indépendants, sans crainte ni du blâme ni de la haine, énoncent ouvertement leurs principes et leurs vœux. Ils demandent des lois, et sur-tout qu'on les exécute; les ministériels veulent des places, et sur-tout qu'on les paye. Ici, au milieu même des plus graves erreurs, brille dans tout son éclat l'amour désintéressé de la royauté ou de la liberté; là, auprès des dépositaires du pouvoir, rampe de toute sa bassesse, la servile cupidité des valets.

Les ultra-royalistes et les indépendans ont toujours été d'accord sur un point principal; c'est de rejeter également l'*obéissance passive* qui ne convient qu'aux esclaves et aux brutes. Ils ont toujours éprouvé un même sentiment; c'est un mépris profond pour les ministériels.

Je dis *toujours*, parce que ce n'est pas d'aujourd'hui que ces trois opinions s'agitent dans le cercle que j'ai tracé.

Comme Dieu n'a pas encore permis que la révolution française ait terminé son cours, elle marche constamment avec trois agens principaux.

En 1789, c'était avec les *Aristocrates*, les *Patriotes* et les *Courtisans*, ceux - ci ont conduit Louis XVI au supplice; en 1792, avec les *Royalistes*, les *Républicains* et les *Frères et Amis*, ces derniers ont amené les massacres du mois de septembre; en 1795, avec les *Clichiens*, les *Républicains* et les *Démagogues*, ces prétendus amis de la liberté ont élevé le trône impérial; en 1803, avec les *Royalistes*, les *Patriotes* et les *Buonapartistes*, ces complaisans d'un despote, sont les seuls auteurs des maux incalculables, causés par le système militaire; en 1815, avec les *Chouans*, les *Libéraux*, et les *agens de l'autorité royale*, agens qui ont souffert et facilité par trahison ou par incapacité, le retour de Buonaparte; et, en 1817, avec les *ultra-royalistes*, les *indépendans* et les *ministériels*.

En effet, les *buonapartistes* et les *courtisans*, les *frères et amis*, les *démagogues* et les *ministériels*, forment une même secte, déshonneur des ministres qu'ils encensent, source de malheurs pour la cause dont ils se prétendent faussement les amis.

Il leur importe peu d'être dans le camp de

( 14 )

César ou dans celui de Pompée, de servir sous Louis XVI ou sous Roberspierre. Il est dans leur nature de se traîner à genoux pour parvenir au pouvoir, et de flatter pour s'y maintenir. L'hypocrisie, le mensonge et le parjure sont leurs moyens, l'argent est leur mobile, leur victime est la France.

Ainsi on peut réduire à trois points principaux les espérances des trois agens systématiques, qui font obstacle au repos de notre malheureuse patrie. Les *aristocrates*, les *royalistes*, les *clichiens*, les *chouans* et les *ultra-royalistes* soupirent après la MONARCHIE ABSOLUE. Les *républicains*, *les libéraux*, et les *indépendans* tendent à la DÉMOCRATIE. Les *ministériels*, autrement les *frères et amis de Roberspierre*, les *Séïdes de Buonaparte* et les *courtisans de Louis XVI*, demandent de l'argent, des décorations et des emplois.

Le choc de ces trois systèmes a amené les changemens de 1789, du 10 août 1792, du 10 mars et 31 mai 1793, du 9 thermidor an 3, du 4 vendémiaire an 4, du 18 fructidor an 5, du 8 brumaire an 8, du 30 mars 1814, du 20 mars et 8 juin 1815, et celui du 5 septembre 1816. Puisse-t-il être le dernier, et compléter la période révolutionnaire dont la France devait subir les effets.

C'est l'opinion publique qui, malgré les uns et les autres, et même à leur insçu, commande ces mutations, qu'elle renouvelera jusqu'à ce qu'elle soit pleinement satisfaite.

Quelle est donc cette opinion publique?

L'opinion publique est la concentration et l'assimilation des vœux de la majorité des citoyens, ou des sujets. (1).

Elle naît du sentiment des mêmes besoins ; elle a constamment pour objet une chose juste, bonne, et profitable à tous. Chez les peuples ignorans, elle n'a qu'un cercle fort étroit à parcourir, et reste dans les régions supérieures du gouvernement; mais elle exerce son influence à chaque instant et dans tous les rangs, chez les nations où l'instruction est générale. Elle pénètre alors invinciblement par-tout et toujours pour vaincre; elle se fortifie par les obstacles, s'alimente des difficultés, et finit par soumettre à son empire les esprits et les cœurs.

_____

(1) Melius omnibus quàm singulis creditur ; singuli enim decipere et decipi possunt. Nemo omnes, nemini omnes fefellerunt. *Plin. panegyr. Traj.*

Elle adopte très-difficilement les noūveaux systèmes, mais elle s'opiniâtre à les défendre du
moment qu'elle les a admis. Elle ne veut rien
souffrir d'imparfait ni dans les institutions, ni
dans les dépositaires de l'autorité. La noblesse
est pour elle une ridicule chimère, si elle n'est
pas soutenue par le mérite personnel. L'élévation dans l'ordre des dignités n'est qu'un vain
titre, si de grands actes d'utilité n'en consacrent
la possession. Sans aucune acception de personnes, elle poursuit à outrance l'incapacité et la
médiocrité même ; et, sachant bien que des effets
salutaires ne procèdent jamais d'un principe vi-
cieux, et que des effets contraires ont pour cause
l'ignorance ou la méchanceté, c'est toujours par
les résultats qu'elle apprécie le mérite d'une administration. Comme elle est fille de l'esprit hu-
main, elle a aussi ses écarts, ses momens passa-
gers d'injustice ; mais elle présente plus souvent
le caractère sublime d'un juge impassible, éter-
nel et infaillible, prononçant irrévocablement
sur les principes et sur les actions.

Elle parle : les cachots sont ouverts, les baïon-
nettes s'inclinent avec respect, les forteresses les
plus formidables sont renversées ; elle parle, les
peuples se soulèvent, les trônes sont ébranlés,
les rois pâlissent ; elle parle, les lumières jaillis-

seut de toutes parts, la liberté victorieuse s'assied près de la royauté, et les nations, réunies par les liens durab es d'un intérêt mutuel, travaillent à l'envi à relever l'édifice du bonheur social.

Que peuvent contre cette volonté fixée au centre même de la force, les combinaisons de la perfidie, du mensonge, de l'erreur et de l'iniquité? retarder de quelques instans son triomphe; Mais il faut qu'elles cèdent enfin à ce torrent qui les entraîne et les brise comme de vains obstacles.

L'opinion publique impose l'obéissance aux peuples comme aux souverains, et aux souverains comme aux peuples, parce qu'elle a la raison pour guide, pour flambeau la vérité, et la justice pour objet.

Ne la confondez pas avec cette sycophante audacieuse qui traîne constamment à sa suite et les applaudissemens et les huées, et les murmures et les acclamations. Elle a salué de ses chants d'amour, Caligula, Tibère, Néron et Domitien. Elle a renversé les statues d'Henri IV, porté Péthion sur le pavois, et déifié Marat. L'envie, l'ambition, la vengeance, la perfidie et la bassesse lui servent de cortège: Sans patrie, sans religion et sans pudeur, elle dresse des autels à toutes les idoles, admet tous les systèmes, consacre toutes les doctrines.

Vous la trouverez aux théâtres, dans les temples, sur les promenades, sous le chaume et dans les palais. Elle inspire aux princes de trompeuses sécurités, publie la joie et le bonheur, tandis que les peuples gémissent sous le poids intolérable de la misère, et prépare d'horribles désastres au moment même où elle atteste la prospérité et le calme. Malheur aux grands de la terre qui, se livrant aveuglément aux illusions dont elle les enveloppe, croient à ses faux récits et à son ivresse feinte ! Elle a placé un gouffre sous le chemin de fleurs qu'elle leur fait parcourir.

En France, comme chez tous les peuples civilisés, l'opinion publique s'appuie sur des principes et sur des faits.

Elle resta long-temps incertaine sur la solution de la grande question de la *Souveraineté*, malgré les efforts des écrivains qui tentèrent d'en déterminer la nature, les règles et les rapports.

Après avoir essayé du pouvoir souverain toujours illusoire et peu durable lorsqu'il est remis aux mains de la multitude, le peuple français souffrit que Buonaparte saisît les rênes de l'Etat. L'opinion le soutint tout le temps qu'il employa à la reconstruction de l'édifice social ; mais elle ne l'a jamais absous de s'être déclaré empereur par les constitutions de l'empire. Ces'constitutions étaient son propre ouvrage, la qualité qu'il prenait ne se rattachait à aucun droit fondé sur des lois antérieures ; il se créait ainsi un titre à lui-même, et ce titre, radicalement nul, ne pouvait jamais être validé par aucun acte subséquent, puisque la nation assemblée n'avait pas préalablement prononcé sur le principe qui lui servait de bâse.

L'opinion arrêtée sur ce point fit taire l'enthousiasme qu'avait produit des succès qui tenaient du prodige. Abandonné par l'opinion, Buonaparte devait succomber, et il succomba.

En vertu du droit antique qui fait de la couronne de France une propriété imprescriptible, substituée indéfiniment de mâle en mâle à l'aîné de la branche aînée de la maison de Bourbon, Louis XVIII parut enfin. Ce prince pouvait incontestablement régner, ou, d'après les maximes de l'ancienne constitution monarchique, en ne laissant à sa puissance d'autres limites que celles que ces maximes elles-mêmes avaient posées, ou faire revivre la constitution de 1791, acceptée par Louis XVI. Il pensa au contraire qu'il fallait suivre le mouvement imprimé par les opinions dominantes et ne garda, pour ainsi dire, de l'ancien droit constitutionnel, que ce qui légitime en sa personne l'exercice du pouvoir souverain.

Il se réserva l'initiative des lois, et donna de *sa pleine et entière autorité royale*, la charte de 1814. Le peuple français la reçut librement, et il fut désormais reconnu que la souveraineté réside essentiellement dans les mains du monarque. Ce fut un triomphe pour les ultra-royalistes ; mais comme cette même charte consacre le principe fondamental de la liberté politique, en appellant le peuple à la discussion et à l'acceptation des lois, il est évident que, sous ce rapport, les indépendans ont remporté une grande victoire.

Pour conserver leurs avantages réciproques, les ultra - royalistes et les indépendans ont eu dès-lors un intérêt direct à maintenir cette nouvelle transaction politique qui leur offrait, pour résultat, la plus prompte et la plus solide réorganisation du corps social.

Il est démontré par l'expérience, que le souverain pouvoir ne peut utilement résider que dans les mains d'un seul chef : concevez les hommes dans un état d'isolément individuel, la *société* n'existe pas. Réunissez en imagination, ces hommes sans chefs, sans ordre, sans classification, vous trouverez les élémens de la *puissance*, mais non pas la *puissance* même, car elle n'aurait ni moteur, ni mobile, ni unité.

Voyez maintenant le premier père se placer à la tête de la première famille. L'idée de la société et de la puissance font naître tout à coup celle de la *souveraineté*, et l'ordre qui règne détermine la nature du *gouvernement*.

Des enfans qui n'étaient pas nés ou qui étaient en bas âge, ont-ils élu pour chef l'auteur de leurs jours? Non, sans doute; et Dieu, en donnant au père la qualité incontestable de premier né, lui a nécessairement confié le commandement.

Des orphelins veulent ensuite entrer en communauté avec l'un des chefs de famille. Ils lui demandent et obtiennent d'être réunis à ses enfans; ils s'obligent à le respecter, à lui obéir et à l'aider : la *souveraineté* commence. Cette souveraineté repose-t-elle dans cette masse associée? Non, sans doute, mais dans le chef seul dont la famille propre et celle adoptée font partie, comme les membres sont une partie soumise aux déterminations de la tête.

Mais où se place la puissance? Dans le chef seul? Non, car les enfans composent une masse plus forte que lui. Dans les autres membres de la famille? Non, car en perdant le secours de la direction, ils entrent nécessairement dans l'état de guerre, principe destructeur de l'unité.

C'est par le concours de tous que la puissance

se forme ; c'est par l'unité qu'elle se maintient et s'affermit ; c'est en remettant aux mains de la minorité la faculté de proposer les lois, que l'harmonie politique peut être durable ; et par une conséquence nécessaire, le *veto* de 1791 était une absurdité. Un seul ne peut pas dire à tous et contre tous, *je ne veux pas*, et tous peuvent raisonnablement et fructueusement dire à un seul, *nous ne voulons pas*.

La *nation*, la *loi* et le *Roi !* Ce cri révolutionnaire ne présentait qu'un renversement d'idées et une confusion de mots. Le Roi est le *principe* agissant ; c'est la représentation physique de l'abstraction qu'on nomme *souveraineté ;* l'exercice de cette *souveraineté* produit la Loi, qui est le *moyen*, et la loi consacre les droits et les devoirs de la Nation, qui est l'*objet*.

En suivant donc, dans cette combinaison politique appelée l'*Etat*, l'ordre naturel des idées, le *Roi*, est au premier rang, la *loi* au second, et la *nation* au troisième. Cette classification n'est pas attributive de suprématie, car le Roi n'est pas, par le *fait* ni par le *droit*, au-dessus de la nation ; et la loi, ouvrage du Roi et de la nation, ne peut disputer le rang ni à l'un ni à l'autre.

Rousseau a dit :

« *Dans la monarchie*, et la volonté du peu-

» ple et la volonté du prince, et la force publi-
» que de l'Etat et la force particulière du gou-
» vernement, tout répond au même mobile,
» tous les ressorts de la machine sont dans la
» même main, tout tend au même but; il n'y a
» point de mouvemens opposés qui s'entre-dé-
» truisent, et l'on ne peut imaginer aucune sorte
» de *constitution* dans laquelle un moindre effort
» produise une action plus considérable. »

Cette réflexion peut être appliquée entièrement à la charte de 1814; et, sous ce rapport, on peut dire que son maintien est le vœu le plus clairement exprimé par l'opinion publique.

Souveraine des rois et des peuples, elle veut aussi que les autres stipulations essentielles de cet acte conservateur des hautes destinées de la France, soient ponctuellement observées.

Pourquoi la liberté de la presse, seul moyen de faire parvenir, malgré les efforts des courti-sans, la voix de la vérité aux pieds du trône, et de ramener le calme, l'ordre et la justice dans toutes les classes du peuple, est-elle encore une promesse illusoire ?

Pourquoi ne pas déterminer, par une loi, les délits de la presse, et ne pas constituer un jury formé d'hommes capables par leurs occupations habituelles, d'en être les plus sûrs appréciateurs ?

Pourquoi ces privilèges accordés à quelques-
uns et refusés à la masse des littérateurs, de publier périodiquement leurs pensées, lorsque toutes nos lois comme tous nos vœux tendent évi-
demment à la suppression de tout ce qui est ex-
clusif?

Arrêter un individu qui n'est pas sous le coup
d'une plainte formelle, et, lorsque sur des dis-
positions précises de la loi, il n'a pas été mis en
état de prévention, c'est se livrer à l'arbitraire.
Rechercher dans l'ombre et par forme d'enquête
le secret de ses affaires, c'est le frapper mortel-
lement dans son crédit et dans sa réputation ;
c'est joindre un crime de plus à l'atteinte portée
à sa liberté individuelle. Et puisque cette liberté
est consacrée par la charte, puisque c'est le premier bien de l'homme en société, pourquoi nous
en priver plus long-temps ; pourquoi accueillir
les malveillans qui s'occupent, sans qualité comme
sans droit, d'épier jusqu'au sein des familles,
les habitudes, les relations, les succès ou les re-
vers des citoyens qu'ils veulent perdre ?

Pourquoi cette administration gigantesque et
ruineuse qu'on nomme police ?

L'objet de la police, sous quelque aspect qu'on
la considère, est de ramener constamment l'ordre, soit en prévenant le mal, soit en le répri-

mant. C'est une institution de prévoyance dont l'utilité ne peut être sérieusement contestée ; mais si, lorsqu'elle doit empêcher les rixes, les meurtres, les désastres qu'entraîne le *jeu*, elle l'autorise ; si, au lieu de poursuivre les calomniateurs elle en forme une armée toujours prête à assaillir les hommes tranquilles, honnêtes et à talent ; si elle ouvre des temples à la prostitution, si elle en soutient les dégoûtantes prêtresses ; si elle devient l'instrument principal de la corruption, et l'égoût infect où les passions haineuses, basses et criminelles vont déposer leurs déjections ; si, par une usurpation sur le ministère de l'intérieur, elle dégrade les talens en leur donnant impudemment des récompenses ; si elle frappe les écrivains périodiques du mépris attaché à l'espionnage, en les constituant, quoique malgré eux, ses organes ; si elle lève des impôts méconnus par les lois ; si elle fait payer aux citoyens le droit de circuler librement, de vendre leurs marchandises, d'utiliser leur industrie, de publier leurs découvertes ; si, se constituant à la fois accusateur, législateur et juge, elle condamne les hommes, quels qu'ils soient, à des détentions plus ou moins longues ; si, en portant sur les balances de Thémis une main téméraire, elle confond le débiteur malheureux avec l'escroc, des réunions de bienfaisance avec des agences de conspiration, le cri du désespoir avec le crime de lèze-majesté; si sa morsure vénimeuse peut se porter impunément sur les écrivains et sur leurs ouvrages ; si elle invoque le nom du Roi au secours de l'arbitraire ; si pour se rendre nécessaire elle conseille la perfidie, encourage la délation, tend des pièges à l'innocence, exalte les esprits inquiets et les conduit elle-même dans les sentiers de la sédition ; dès ce moment, c'est une agglomération impie, sacrilège, épouvantable, de tous les élémens destructeurs des bonnes mœurs, des talens, de l'industrie, du bonheur social et de la tranquillité publique et privée. C'est un monstre dont il faudrait se hâter de trancher d'un seul coup, s'il est possible, les milliers de têtes et les millions de bras.

Autrefois il y avait en France un lieutenant-général de police ; mais cet officier était magistrat, il en avait les attributs, il en avait le pouvoir, et c'était, en qualité de juge, qu'il prononçait des peines.

Aujourd'hui nous avons des préfets, des commissaires généraux, des inspecteurs de police; mais nous n'avons aucune loi qui les institue et qui détermine leurs devoirs et leurs droits.

Autrefois la haute police d'Etat était remise aux mains du ministre de la maison du Roi, et cette police relevait, par son importance, la dignité de l'emploi de ce grand fonctionnaire.

Aujourd'hui nous avons un ministère de la police générale, invention purement révolutionnaire, dont le résultat nécessaire est de placer dans les mains d'un seul homme les moyens de bouleverser, à son gré, l'Etat, et de rendre la liberté des hommes le jouet déplorable du caprice et de l'arbitraire.

Que doit prévenir, en effet, ce ministère si imposant ? L'attentat aux droits du souverain ? Mais s'il existe un coupable, sous ce rapport, pourquoi ne pas le traduire devant les chambres ou devant les tribunaux ?

S'agit-il d'une *offense à la loi*; pourquoi ne pas laisser le ministère public faire son devoir ? L'intérêt d'un particulier a-t-il été compromis, pourquoi enlever à ce particulier le soin de la poursuite, et à la justice la réparation de l'injure ?

D'après la hiérarchie judiciaire, un commissaire de police, un officier de gendarmerie, un maire, un sous-préfet, un procureur du Roi, un préfet, un procureur général ont, chacun dans leur arrondissement, par eux-mêmes ou par leurs représentans nécessaires, un moyen sûr de découvrir, de suivre et d'atteindre le coupable, quels que soient ses projets, sa faute, son délit ou son crime.

Pourquoi donc un ministère de la police générale ?

Ce ministère extraordinaire se trouve au-delà de toutes les conceptions politiques, et par cela seul doit agir abusivement. S'il arrête un militaire, il empiète sur le domaine du ministère de la guerre. S'il procède contre un marin, il le ravit à la juridiction du ministère de la marine.

Si ses agens cessent d'être sous sa main, ou si un tiers s'occupe des observations et des recherches qu'il est obligé de faire pour éclairer les mystères de la politique, que sera le secret d'état confié au ministère des relations extérieures ?

Si la police administrative lui est arrachée que devient le ministère de l'intérieur ? et à quoi bons les rangs intermédiaires entre le ministère de la justice et les tribunaux qui seuls doivent faire l'application des lois, si la repression des fautes, des délits ou des crimes peut être commencée, poursuivie et opérée par un être étranger à toutes les règles et à tous les principes judiciaires.

Je le sens : si un tyran, si un despote, si un usurpateur doit régner ; il lui faut un instrument sûr d'oppression, et le ministère d'une police générale , tel qu'il était organisé par Buonaparte, lui sera indispensable pour étouffer le dernier soupir du malheur, anéantir le dernier rayon de lumière, et fermer le dernier réfuge de la vertu, de la grandeur d'ame , du patriotisme, de la liberté et de la raison. Mais , sous un Roi légitime, et dans une monarchie bien réglée , une telle institution est intolérable.

Chaque ministre doit avoir sur ses subordonnés une surveillance active et continuelle. C'est ce qui constitue sa police spéciale. Le surplus appartient exclusivement au ministre de la maison du Roi, au ministre de la justice, et aux procureurs généraux.

Oui , l'opinion publique d'accord avec les ultra - royalistes et les indépendans , veut la liberté individuelle ; le jugement des délits de la presse par les jurés , la suppression de toutes les lois, de tous les tribunaux d'exception. Elle veut que le droit de pétition ne consiste pas à faire des Chambres des bureaux de poste aux lettres pour les ministres; et leur dénie de pouvoir , sous le nom vénéré du Roi, se soustraire à la responsabilité terrible qui pèse sur leurs têtes.

Elle ne tolère qu'avec impatience ces orateurs et ces écrivains faméliques qui sont toujours prêts à louanger les dépositaires du pouvoir :

Mais elle sait parfaitement que parler en faveur des plans des ministres, et faire l'éloge de leurs talens, c'est se montrer l'ami du bien public et de la vérité, si les talens de ces mêmes ministres sont réels, et si leurs plans sont utiles. Elle sait aussi qu'attaquer leur inexpérience, leurs conceptions déréglées, leur arrogance et leur incapacité, ce n'est pas diriger le blâme sur la personne du monarque. Avancer ce paradoxe, c'est excéder les bornes connues de l'impertinence; autant vaudrait dire que le maître est sot, impudent et voleur, parce qu'il a pour domestiques des valets imbéciles, arrogans et fripons.

Il faut bien que les ministres se persuadent qu'ils ne sont que de simples serviteurs; que s'ils tiennent dans l'ordre politique un rang très-distingué, c'est parce qu'ils sont attachés à la personne du premier des maîtres, et qu'entre ce maître et eux, la distance est incommensurable.

Leur responsabilité, quoiqu'elle ait été une pure fiction jusqu'ici, et l'inviolabilité du monarque, doivent constamment les avertir qu'ils ne font pas plus partie de la puissance royale, que l'huissier de la chambre des pairs n'est membre de ce corps respectable.

Aussi l'opinion publique, ainsi que les ultra-royalistes et les indépendans, a-t-elle considéré l'unité proclamée du ministère, comme un projet d'envahissement du pouvoir du Roi; son exécution, sielle avait lieu, comme la substitution de l'olygarchie à la royauté, et l'expression *gouverne-ment du Roi* pour parler de ses ministres comme une locution à la fois anti-monarchique et anti-constitutionnelle.

Chaque ministre est comptable de sa conduite envers le Roi et le peuple; et, lorsque sous la présidence de S. M. ou de celui qu'elle a désigné, les ministres se réunissent, c'est seulement pour que le service de la monarchie se fasse avec ensemble, et que les travaux des uns ne nuisent pas à ceux des autres.

Le Roi seul a l'initiative des lois; lui seul est inviolable, lui seul est sacré. Il gouverne par sa pensée, par sa volonté, par lui-même. Ses gens exécutent. Tout ce qui vient du gouvernement du Roi ainsi expliqué, doit être accueilli avec respect. Ce que font ses gens peut être l'objet de l'éloge ou de la censure, de l'approbation ou du blâme, et fournir matière à des poursuites.

C'est ce qu'a décidé la charte ; c'est ce que demandent les ultra-royalistes et les indépendans ; c'est ce que veut l'opinion publique.

L'union de tous dans une même doctrine, constitue l'unité et la perfection de tout système organique. L'union des ultra - royalistes et des indépendans pour défendre la charte, doit opérer une fusion de leurs principes respectifs, les concilier par le sentiment d'un intérêt commun, et les porter à réunir leurs talens et leurs efforts pour que nous jouissions de la pleine et entière exécution de cette loi fondamentale.

Cette conciliation leur fait naturellement abandonner les extrêmes pour tenir un juste milieu. C'est là qu'ils se trouveront parfaitement en harmonie avec l'opinion publique.

Elle soutient, cette première de toutes les puissances, que la justice doit être la bâse de toutes les institutions sociales ; et qu'il n'y a pas de justice à appeller aux fonctions publiques, les parjures, les calomniateurs et les hommes sans capacité, eussent-ils par les suites des hazards révolutionnaires ou des préjugés de la naissance, obtenu déjà des emplois supérieurs.

Les ultra-royalistes et les indépendans sont les deux extrêmes de la ligne politique. L'opinion publique placée au centre rend aux uns et aux autres la justice qui leur est due, en raison des talens qu'ils ont déployés, et des services qu'ils ont rendus et même qu'ils ont voulu rendre. Elle les absout également des fautes qu'ils ont pu commettre ; mais elle voit en eux des hommes si à craindre. Les indépendans, en poussant les idées démocratiques trop loin, préparent de nouveaux changemens révolutionnaires ; les ultra-royalistes, en voulant étendre les forces du système monarchique, travaillent à une contre-révolution, et une contre-révolution est une révolution nouvelle.

En plaçant donc à la tête des affaires ces hommes qui peuvent être bons dans le *for intérieur,* mais qui n'ont pas eu constamment dans leur conduite et dans leur doctrine cette retenue judicieuse, caractère propre de la modération, on laisserait dans l'esprit de leurs anciens cosectaires, l'espérance d'un retour plus ou moins éloigné aux principes qu'ils chérissent, et des craintes dans l'ame de ceux qui ne les ont point adoptés.

L'opinion publique veut que les fonctionnaires inspirent le respect par leurs vertus, l'admiration par leurs talens, la confiance par la conduite qu'ils ont tenue avant d'obtenir le maniement des affaires, et l'attachement par leur esprit conciliateur.

Quelle foi à ajouter à un homme qui a suivi tous les partis, partagé toutes les erreurs, et s'est mis en complicité de tous les crimes ? Que Barington soit amnistié, c'est un acte de clémence mais qu'il soit placé au même rang que Bacon, c'est insulter à la raison et dégrader la vertu.

*Mutius* fut le courtisan, par suite le complice, et enfin l'objet des bienfaits de *Marius*. Épargnons sa tête, puisque les discordes civiles ont cessé ; mais le charger de hautes fonctions dans l'administration, serait compromettre le salut de l'État, et fournir des alimens à l'esprit de révolte en replaçant l'espérance dans le cœur des factieux.

De deux choses l'une, ou *Mutius* favorisera ses anciens amis, ses anciens protecteurs, où il opposera à leurs efforts la sévérité de son ministère. Dans le premier cas, il trahira ses devoirs et doit être repoussé ; dans le second, c'est un monstre d'ingratitude. En toute hypothèse c'est le plus vil des hommes : comment donc le plus vil des hommes peut-il être chargé de les diriger ?

Il suffit qu'une révolution soit possible, pour que l'idée qu'on s'en forme ébranle le crédit, et avec lui tout le système politique ; or cette révolution paraîtra possible tant que les fonctionnaires seront pris dans les rangs des révolutionnaires, quelle que soit la bannière sous laquelle ils se présentent. En vain éloignera-t-on des emplois inférieurs quelques écrivains insignifians ;

les réformes n'auront pour résultats que de jeter parmi la multitude une plus grande quantité de mécontens, et le mouvement, bien loin d'être arrêté, n'en deviendra que plus actif; car l'opinion publique ne veut pas que la vertu soit un titre de proscription, le talent une cause d'abjection, et la fidélité un motif de flétrissure.

Nos sens ressemblent à ces miroirs de propriétés différentes, dont le jeu est à la fois si étrange et si intéressant. Les uns embellissent tous les objets, les autres les rendent hideux; ceux-là en varient les poses et les formes, ceux-ci les représentent d'une manière exacte et fidelle. Ainsi nos sens, en raison de leur organisation particulière, reçoivent et transmettent une impression ou semblable, ou contraire, ou seulement modifiée, ce qui démontre, par la physique même, l'atroce folie de ceux qui proscrivent les hommes pour leurs opinions; puisqu'il ne dépend pas plus d'un individu d'être athée ou Théosophe, ultra-royaliste ou indépendant, que de naître grand au lieu d'être petit, spirituel au lieu d'être idiot.

Cette doctrine conduit à une vertu trop peu pratiquée dans le monde, c'est l'indulgence pour les autres. En effet, si leurs opinions procèdent de leur organisation, comment peut-on raison-

nablement les haïr, pour avoir reçu une impression plus forte que leur volonté.

Et si cette indulgence, si ce respect pour les
faiblesses de l'esprit est un devoir, n'est-ce pas
sur-tout après ces commotions terribles, que l'on
nomme révolutions? Quel est celui qui, parmi
nous, n'a rien fait de répréhensible depuis 1789?
« Est-ce vous, *nobles* (1), qui êtes allés enflammer
« la colère des souverains de l'Europe, contre
« vos concitoyens ; qui leur avez demandé des
« armes pour venir répandre le sang des Fran-
« çais, et qui ne vous êtes corrigés ni de votre
« *morgue* ridicule, ni de votre penchant à la
« domination ? Est-ce vous, *patriotes*, qui avez
« été si souvent égarés par votre enthousiasme
« aveugle, par la soif des *vengeances* et par une
« basse cupidité ? Est-ce vous, *prêtres réfrac-*
« *taires*, qui ne deviez voir dans tous les ci-
« toyens que des hommes à réconcilier, à réunir
« à la charité, à l'indulgence, et qui vous trou-
« viez obligés, par votre ministère de paix et de
« douceur, de mourir l'*évangile*, et non pas
« le *poignard* à la main ? Est-ce vous, *prêtres*
« *soumis*, qui avez quelquefois accommodé la

_______________

(1) Crimes de la philosophie, pag. 400.

« religion à vos intérêts temporels, et secondé
« les fureurs démagogiques ? Ou bien, sera-ce
« vous, *législateurs*, *ministres*, *gouvernans*,
« qui, pour la plupart avides de pouvoir et d'or,
« n'avez su que plier sous les circonstances, fa-
« briquer des milliers de lois, aussitôt oubliées
« que rendues, et rédiger des *constitutions*
« *éphémères* que vous donniez pour le vœu du
« peuple ; tandis qu'à peine la vingtième partie
« des citoyens les demandait pour son intérêt
« particulier ? Enfin, sera-ce vous, citoyens de
« toutes les classes, qui, croyant faussement que
« la *vérité* et la *justice* devaient se trouver dans
« l'un des *partis révolutionnaires*, vous êtes
« rangés, ainsi que moi, sous les étendards du
« parti qui vous a paru le meilleur, non point
« pour piller et pour tuer, mais pour propager
« et faire triompher vos principes?... Heureux,
« cent fois heureux ceux que les circonstances
« n'ont jamais mis dans le cas de s'écarter en rien
« des lois de la morale et des principes de la
« sagesse ! »

Les crimes seuls ne doivent point être oubliés :
si la clémence royale ou la bonté du peuple
les dispense du châtiment, l'opinion publique
ne souffre pas que les criminels se servent de
l'amnistie comme d'un marchepied, pour mon-

ter au pouvoir, ou d'un point d'appui pour s'y maintenir. Mais en même temps elle s'indigne que des imputations bannales, publiées par la rivalité, enfantées par la calomnie, ferment à l'homme de mérite la carrière des emplois et des honneurs ?

Suffirait-il donc d'être dénoncé pour être nécessairement coupable ? L'accusation et la conviction, la mise en jugement et la culpabilité seraient-elles devenues synonimes ? Caton fut traduit soixante-treize fois en jugement, et soixante-treize fois il sortit victorieux de ce combat du crime avec l'innocence.

Il est vrai que la calomnie fit boire la ciguë à Socrate ; elle conduisit cette implacable ennemie de tous les talens et de tous les genres de vertu ; Les premiers chrétiens au martyre ; les templiers aux bûchers, et Marie-Antoinette à l'échafaud.

C'est elle qui a allumé en France les premières torches de la guerre civile, aiguisé les premiers poignards, provoqué les premiers assassinats ; c'est elle qui, par des qualifications injurieuses, cherche à priver le trône de ses plus brillans soutiens ; c'est elle qui sème les inimitiés entre les hommes qu'une heureuse communauté de gloire, de vertus et de talens doit nécessairement unir. Vilelle et Benjamin de Constant, Corbières et

Manuel, Castelbajac et Voyer-d'Argenson, de Bonald et Lafitte, Châteaubriant et Salvandi, Dupont de l'Eure, Royer-Colard, Courvoisier, Salaberry, Jay, Marcellus, Ravez, Montlosier, Bélart, Pastoret, Laly-Tollendal, de Broglie, Dussault, Lanjuinais, Frévée, Thiébault, Comte, Dunoyer, Say, Ganilh, de Pradt, Cuvier, Camille-Jordan, Tissot, Nodier, et vous tous magistrats ou écrivains qui avez pris place parmi les publicistes, l'opinion publique a porté sur vous ses regards et ses espérances; faites que la liberté n'expire pas, que la royauté triomphe, que la patrie reprenne son rang ! ...

C'est à vous qu'il appartient de faire monter jusqu'au trône l'expression pure et vraie, respectueuse et noble de la vérité.

Que, grâces à vos soins, à vos travaux et à votre piété patriotique, des hommes purs, éprouvés et capables, dirigent les affaires générales; que l'administration soit organisée sur un plan qui convienne à la monarchie d'un prince légitime; que des institutions fortes garantissent les concessions que le Roi a daigné faire; que les grands corps de l'État soient placés comme un double rempart, contre les ennemis de la royauté et les fauteurs de la tyrannie !

Dès ce moment les craintes se dissipent, les

sujets de mécontentement disparaissent, la stabilité du trône n'est plus un problème, le crédit reprend sa force, le commerce se ranime ; les projets de lois sont empreints du caractère de la prévoyance, de la force et de la justice ; leurs présentations enfin ne sont plus des sujets de débats, mais des occasions saisies avec enthousiasme, d'offrir au souverain des félicitations et des témoignages, non équivoques, de reconnaissance et d'amour !

---

*N. B.* L'auteur continuera ses travaux, dont le but est de ramener tous les avis au système de modération, caractère distinctif de l'opinion publique, par un ouvrage ayant pour titre : *Transactions politiques ou Tableau des discussions de la Chambre des Pairs, et de celle de Députés des départemens, pendant la session de 1817, avec des observations POUR et CONTRE les théories des Orateurs qui ont porté la parole, et des extraits comparatifs de ce qui a été dit dans les précédentes assemblées.*

On souscrit, pour chaque volume de 27 feuilles d'impression, ou 436 pages, de même caractère et de même format que la présente brochure, au Bureau polymathique ou de consultation pour les sciences, les belles-lettres, les arts libéraux, chimiques et mécaniques, rue de la Chaise, n°. 20, faubourg Saint-Germain.

Le prix de la souscription est de 4 fr. pour un volume, 7 fr. pour deux, et 10 fr. pour trois.

Les souscripteurs des départemens et de l'étranger y joindront 10 centimes par chaque feuille, pour l'affranchissement.

Afin que ces mêmes souscripteurs jouissent, pendant la discussion même des projets de loi, de ce que cette production peut avoir d'intéressant; ils seront servis par 3, 4, 5 ou 6 feuilles, en raison de l'abondance des matières traitées.

La première livraison aura lieu, au plus tard, le 20 décembre prochain.

Les lettres chargées ou non chargées, et les envois d'argent, doivent être adressés, *francs de port*, à Monsieur DEFFAUX, secrétaire-rédacteur.